PRIMER LIBRO DE LOS SANTOS

LA HISTORIA DE SUS VIDAS Y SUS EJEMPLOS

Por el
REV. LORENZO G. LOVASIK, S.V.D.
Misionero del Verbo Divino

CATHOLIC BOOK PUBLISHING CORP.
NUEVA JERSEY

Presentado

a

_____

Por

_____

fecha _____

NIHIL OBSTAT: Rev. Anthony Ziccardi, S.S.L.
Censor Librorum
IMPRIMATUR: ✝ Mons. John J. Myers, J.C.D., D.D.
Arzobispo de Newark

(T-133/S)

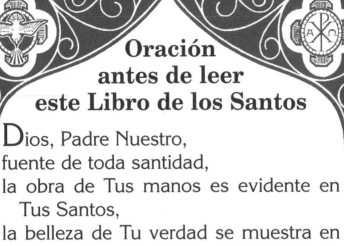

Oración
antes de leer
este Libro de los Santos

Dios, Padre Nuestro,
fuente de toda santidad,
la obra de Tus manos es evidente en
Tus Santos,
la belleza de Tu verdad se muestra en
su fe.

Ojalá que yo que aspiro a participar en
su júbilo
pueda llenarme del Espíritu que bendijo sus vidas,
de modo que compartiendo su fe en la
tierra,
pueda también conocer su paz en Tu
Reino.

Dame la luz para comprender la belleza
de sus enseñanzas y ejemplos.
Dame la gracia de seguirlos
en su imitación de Tu amado Hijo.

PREFACIO

EN el Nuevo Testamento San Pablo habló de los Cristianos como Santos (Colosenses 1:2); pero pronto el nombre fue restringido a las personas que eran eminentes por su santidad. Los Santos son las personas que se distinguieron a sí mismas por sus heroicas virtudes durante sus vidas y a quienes la Iglesia honra como Santos bien por la autoridad de sus enseñanzas universales ordinarias o por una solemne definición llamada canonización.

La canonización implica que esas personas están ahora en la gloria celestial, que ellos pueden ser invocados públicamente en todas partes y que sus virtudes durante su vida o su muerte como mártires constituyen un ejemplo para los fieles Católicos.

La Iglesia tiene doctrina abundante sobre el significado de la santidad, su importancia para el bien de la Iglesia y los medios para llegar a ser Santos. Ofrece el ejemplo y consejo de aquellos que en sus propias vidas han logrado un alto grado de santidad. La Iglesia dice: "He aquí modelos para imitarlos. Si se hace lo que ellos hicieron, de acuerdo con nuestra habilidad y escuchamos sus consejos podremos alcanzar lo que ellos obtuvieron."

Esta es una de las razones principales de la costumbre de la Iglesia de venerar los Santos. Ellos no solo son intercesores en el cielo sino también ejemplos de virtud para los fieles en la tierra.

Ojalá este libro sobre las vidas de varios Santos le ayude no sólo a conocerlos sino también a imitarles y procurar sus intercesiones ante Dios.

Padre Lorenzo G. Lovasik, S.V.D.

CONTENIDO

Nuestra Señora,
Reina de todos los Santos

Agosto 22

DESPUES de una santa vida y muerte la Bendita Virgen María fue gloriosamente asumida al cielo en cuerpo y alma y fue coronada como Reina del Cielo por su propio Hijo.

Todas las virtudes practicadas por los Santos se encuentran en ella de una forma maravillosa. Ella es la Reina de todos los Santos.

Santa Isabel Ana Seton

Enero 4

NACIDA en la ciudad de Nueva York en Agosto 28 de 1774, Isabel perdió a su madre siendo muy niña y su educación estuvo a cargo de su padre. Muy devota y amante de las Escrituras, Isabel tenía profunda fe en la Providencia.

Teniendo diecinueve años de edad se casó con Guillermo Seton de Nueva York. De este feliz matrimonio nacieron cinco hijos. Al morir su esposo, los Felicchi—amigos de largo tiempo—dieron la bienvenida a la viuda en su hogar de Italia.

Isabel regresó a Nueva York en 1804 y entró en la Iglesia Católica en Marzo 14, 1805. Ella aceptó una invitación del Arzobispo Carroll para establecer una escuela para niñas en Baltimore. Algunas mujeres se le unieron en la vida religiosa y llegó a ser conocida como la "Madre Seton." Más tarde fueron conocidas con el nombre de las Hermanas de la Caridad y vivieron en Emmitsburg.

La escuela abierta para los niños de la parroquia fue la primera escuela parroquial de los Estados Unidos. Isabel murió el 4 de Enero de 1821. En 1963 fue beatificada la primera ciudadana Americana. Y el 14 de Septiembre de 1975, fue canonizada por el Papa Pablo VI.

Santa Inés

Enero 21

INES contaba solamente doce años de edad cuando fue llevada al altar de la diosa pagana Minerva en Roma para que le ofreciera incienso; pero ella elevó sus brazos a Jesucristo e hizo la Señal de la Cruz.

Los soldados ataron sus manos y pies. Sus brazos de niña eran tan delgados que las cadenas se deslizaron de los mismos. Cuando el juez vio que ella no temía al dolor, hizo que le quitaran sus ropas y estuviera de pie delante de una multitud pagana. Entonces ella exclamó: "¡Cristo cuidará de los Suyos!"

Inés fue ofrecida en matrimonio a un joven rico, pero ella respondió: "¡Cristo es mi Esposo¡ El me eligió primero y seré Suya. El hizo que mi alma sea hermosa con las joyas de la gracia y la virtud. Yo pertenezco a Aquel a Quien sirven los ángeles."

Ella inclinó su cabeza a la espada del verdugo y de un golpe fue decapitada. El nombre de Inés significa "cordero." Ella fue buena y pura.

"Fue al lugar de su ejecución," dice San Ambrosio, "con más alegría que otras van a su boda."

San Francisco de Sales

Enero 24

FRANCISCO nació en un castillo en Francia en 1567. Al ser bautizado su madre dijo: "¡Ahora, hijo mío, tú eres el amigo de los ángeles, el hermano de Jesús, el templo del Espíritu Santo y un miembro de la Iglesia. Debes pertenecer a Dios para siempre!"

Francisco recibía la Comunión tan frecuentemente como le era posible. Decía: "Jesús es el maestro de la santidad. Voy a El porque deseo que me enseñe cómo ser Santo. ¿De qué me vale todo lo que aprendo en la escuela si no me hago Santo?"

Francisco se hizo abogado, pero en vez de ello fue inspirado para seguir a Jesús. El deseaba ir por todas partes en busca de los pobres y los pecadores para poderles convertir a Jesús.

Francisco se hizo sacerdote y trajo muchos a Dios con sus prédicas y amabilidad. Más tarde llegó a ser Obispo de Ginebra. Escribió muchos libros y se le honra como Patrono de los Escritores Espirituales. En 1610, fundó la Orden de la Visitación, con la ayuda de la Baronesa de Chantal, ahora Santa Juana Francisca.

San Francisco murió en 1622 con la palabra "Jesús" en sus labios, y fue canonizado en 1665 por el Papa Alejandro VII.

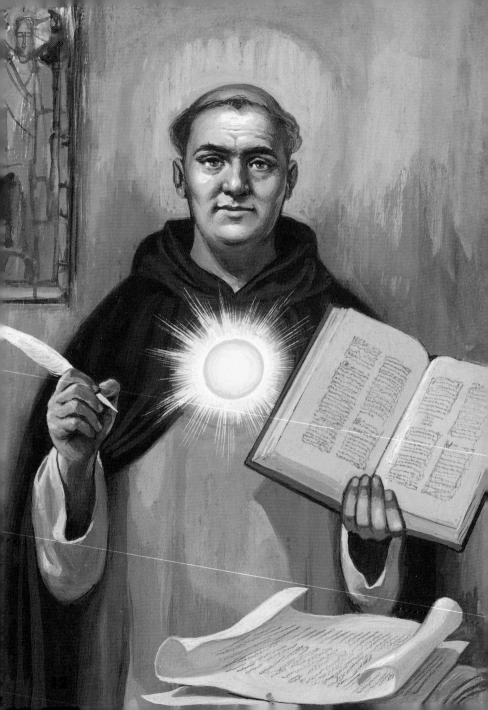

Santo Tomás de Aquino

TOMAS fue enviado a Nápoles para estudiar en la Universidad Dominicana. Al terminar sus estudios se unió a los Dominicos. A causa de las órdenes de su madre, Tomás fue capturado por su propio hermano y retenido en el hogar durante dos años. El Papa llamó a Tomás a Roma para hablarle, ordenando a su madre y hermanos que no se interpusieran en su vocación.

Tomás volvió a los Dominicos quienes lo enviaron a estudiar en Francia y Alemania. Se hizo sacerdote y fue un gran maestro. Escribió muchos libros sobre las enseñanzas de la Iglesia Católica. Porque fue uno de los grandes maestros de la Iglesia, se le llama Doctor de la Iglesia y Doctor Angélico.

Tomás sentía un gran amor por el Santísimo Sacramento. Mientras Tomás oraba delante de un gran crucifijo, nuestro Señor le habló diciéndole: "¡Tomás, has escrito muy bien sobre Mí! ¿Qué deseas como recompensa?" Tomás respondió: "¡Señor, lo único que deseo eres Tú!"

Santo Tomás murió en el año 1274 contando cuarenta y siete años de edad. El fue canonizado en 1323 por el Papa Juan XXII y es el Patrono de las Escuelas Católicas.

San Juan Bosco

Enero 31

JUAN nació en una pequeña finca cerca de Turín, Italia, en 1850. Sus padres eran muy pobres y él tenía que caminar cuatro kilómetros todos los días para ir a la escuela durante la mitad del año; después regresaba para trabajar en las tierras de un campesino, más tarde fue sastre, panadero, zapatero y carpintero. De esta forma logró asistir a la escuela secundaria, la universidad y el seminario, hasta hacerse sacerdote.

Los niños amaban al Padre Juan. El consiguió lugares para que ellos se reunieran para jugar y orar. Alquiló un granero viejo al que llamaba "El Oratorio." Se convirtió en un hogar para los niños, especialmente para los niños pobres que necesitaban un hogar. El comenzó muchos de estos oratorios pues creía que la oración y la Santa Misa, la Comunión y la Confesión eran las mejores formas de hacer que los niños fueran buenos.

Fue llamado Don Bosco. Fundó la orden religiosa de los Salesianos, un grupo de sacerdotes que lo ayudarían en su labor con los niños en muchos países. Enseñaban a los niños muchos oficios. Muchos de esos niños se hicieron sacerdotes. Se le conoce como el Apóstol de la Juventud y el Patrono de los Redactores.

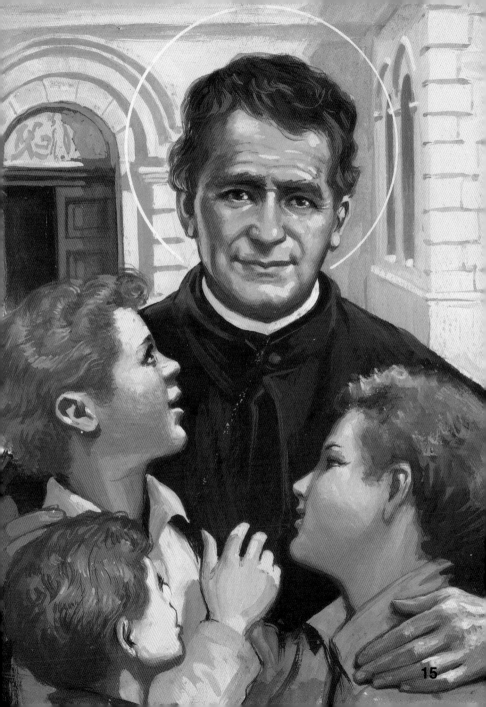

San Domingo Savio

Marzo 9

DOMINGO nació en Riva, Italia, en 1842. Contando cinco años de edad aprendió a servir en la Misa. A los doce visitó a San Juan Bosco y le dijo que deseaba ser sacerdote. Y se hicieron muy buenos amigos. Domingo entró en la escuela del Oratorio, que había fundado Don Bosco.

Los compañeros de clase de Domingo gustaban de su amistad porque él fue muy amable y alegre. El era muy estudioso y le gustaba orar. Pero su salud era muy pobre y después de dos años tuvo que regresar a su hogar.

Domingo siempre observó estas reglas, que había escrito en un cuaderno el Día de su Primera Comunión: (1) Iré con frecuencia a la Confesión y a la Comunión. (2) Observaré los Días Festivos. (3) Jesús y María serán siempre mis mejores amigos. (4) Prefiero morir antes de cometer un pecado.

Cuando Domingo estaba muriendo, dijo: "¡Qué cosas más hermosas estoy viendo!" Tenía solamente quince años de edad. San Juan Bosco escribió la historia de su vida.

Domingo Savio fue canonizado en 1954 por el Papa Pío XII y se le honra como Patrono de los Adolescentes y los Coristas.

San Patricio

Marzo 17

PATRICIO nació en Escocia en el año 387. Teniendo dieciséis años de edad fue capturado por unos piratas y vendido como siervo a un cacique en Irlanda. Mientras cuidaba de las ovejas en las montañas, oraba mucho.

Después de seis años escuchó una voz desde el cielo que le dijo que regresara a su propio país; pero primero se encaminó a Roma, donde se hizo sacerdote. Entonces fue enviado a Inglaterra, pero después de algún tiempo le pidió al Papa que lo enviara a Irlanda. El Papa lo hizo obispo y después lo envió como misionero a Irlanda.

Uno de los reyes paganos arrestó a Patricio; pero cuando vio los milagros que éste realizaba, le dijo: "Cuéntanos sobre tu Dios. El te ha dado gran poder."

"Sólo hay un Dios," respondió Patricio, "en tres Personas: el Padre, el Hijo y el Espíritu Santo." Recogiendo un trébol verde le dijo: "Al igual que hay tres hojas en este tallo, así hay tres Personas en un Dios." Después de ello se le permitió predicar la nueva Fe en todas partes de Irlanda. Sus misioneros llevaron más tarde la Fe Cristiana por muchas partes de Europa. Es el Patrono de Irlanda.

San Juan Bautista de la Salle

JUAN de la Salle nació en Rheims, Francia, en 1651. Teniendo once años de edad comenzó a prepararse para el Sagrado Sacerdocio y fue ordenado a los 27 años. Fue admirado por su gran devoción al Santísimo Sacramento.

A Juan se le pidió que ayudara en dos escuelas en las que los maestros estaban tratando de educar a sus pupilos sin cobrarles. El dirigió los maestros durante cuatro años y luego decidió pasar el resto de su vida con ellos.

Juan se deshizo de una gran fortuna que le habían dejado sus padres. El y los otros jóvenes tomaron entonces los hábitos para trabajar como maestros todas sus vidas, siendo esto el comienzo de la Congregación de los Hermanos Cristianos.

Juan comenzó una escuela primaria y otra secundaria, además de una escuela donde los jóvenes podían aprender un oficio. También comenzó una escuela para maestros.

San Juan murió en Rouen en 1719 y fue canonizado en 1900 por el Papa Léon XIII. En 1950 el Papa Pío XII lo llamó Patrono de los Maestros Escolares. A menudo se le llama el "padre de la educación moderna."

Santa Bernadita

Abril 16

LOS padres de Bernadita fueron muy pobres. Vivían en Lourdes, Francia. Un día, en 1854, mientras Bernadita recogía leña, se le apareció una hermosa Dama dentro de una cueva delante de ella. Estaba vestida de azul y blanco y tenía una rosa en cada uno de sus pies. Ella le sonrió a Bernadita y le pidió que rezara el Rosario con ella.

Bernadita vio a la Dama dieciocho veces. La Dama le pidió que le dijera al mundo que debían hacer penitencia por sus pecados y orar. Una vez le dijo a Bernadita: "No te prometo hacerte feliz en este mundo, sino en el cielo."

Grandes multitudes acompañaban a Bernadita hasta la cueva para decir el Rosario con ella. Ellos no podían ver la Dama. Una vez la Dama le pidió a Bernadita que escarbara la tierra y fue de allí que comenzó a manar un manantial milagroso en cuyas aguas muchas personas se han curado.

Cuando Bernadita le pidió a la Dama que le dijera su nombre, ella miró al cielo y le contestó: "¡Yo soy la Inmaculada Concepción!" Después le pidió que construyeran una capilla cerca de la cueva.

Más tarde, Bernadita se hizo monja y sufrió mucho. Murió en 1879 a los treinta y cinco años de edad, y fue canonizada en 1933 por el Papa Pío XI.

24

San Isidro Labrador

ISIDRO nació en Madrid, España, en el siglo doce. El era campesino trabajando en las tierras de un rico noble de Madrid. Pero nunca faltaba a la Misa diaria. Los vecinos lo acusaron delante de su patrono de que él abandonaba su trabajo para ir a la Misa, pero Isidro dijo: "¡Yo se, señor, que yo soy su siervo pero también tengo otro Señor a Quien debo servicio y obediencia!"

La gente cuenta la historia de que su empleador vio dos extraños que ayudaban a Isidro mientras estaba arando. Se dice que los dos extraños eran ángeles enviados por Dios para ayudar a Isidro en su trabajo a cambio de asistir tan fielmente a la Misa.

Isidro era conocido por su amor hacia los pobres a los cuales traía comida. También amaba a los animales y se ocupaba de ellos.

San Isidro murió el 15 de Mayo del año 1130 y fue canonizado en 1622 por el Papa Gregorio XV. La Iglesia lo honra como Patrono de los Campesinos.

La mujer del Santo, María Torribia, llamada también María de la Cabeza, es una Beata cuya festividad se celebra en Septiembre 9.

Santa Rita de Cascia

Mayo 22

SANTA Rita nació en Spoleto, Italia, en 1381. Desde su más temprana edad deseaba entrar en un convento, pero sus padres la dieron en matrimonio. Rita llegó a ser una buena esposa y madre, aunque su esposo de mal carácter la maltrataba frecuentemente y enseñó a sus propios hijos a seguir esta conducta.

Después de casi veinte años de matrimonio, su esposo fue apuñaleado por un enemigo pero, gracias a las oraciones de su esposa, pudo arrepentirse antes de morir. Poco después sus dos hijos también murieron y Rita pasaba sus días en oraciones, ayunos, penitencies y obras caritativas. Más tarde se unió a las monjas Agustinas de Cascia, en Umbría, y comenzó una vida de obediencia perfecta y gran caridad.

La Hermana Rita tenía una gran devoción por la Pasión de Cristo. Un día sufrió una profunda herida causada por las espinas de un crucifijo, que la hizo sufrir mucho durante el resto de su vida. Murió el 22 de Mayo de 1457 y fue canonizada en 1900 por el Papa León XIII.

Santa Rita es la Patrona de los Casos Imposibles.

Santa Dimpna

Mayo 30

DIMPNA nació en Irlanda en el siglo séptimo. Su padre, Damón, era un caudillo que poseía grandes riquezas y poder, pero era pagano. Su madre fue una hermosa y devota Cristiana.

Dimpna contaba catorce años de edad cuando su madre murió. Su padre entristeció tanto que envió mensajeros por todas partes para encontrar alguna mujer de la nobleza, al igual que su difunta esposa, que aceptara ser su mujer; pero no pudieron encontrar a ninguna.

Entonces sus consejeros malvados le recomendaron que se casara con su propia hija. Dimpna huyó del castillo junto con un sacerdote, San Gerebrán, y otros dos amigos.

Damón los encontró en Bélgica y allí dio órdenes que decapitaran al sacerdote. Entonces trató de hacer que su hija regresara a Irlanda y se casara con él. Cuando ella lo rechazó él desenvainó su espada y la decapitó también. Ella tenía entonces solo quince años de edad.

Santa Dimpna es la Patrona de Aquellos Que Sufren de Enfermedades Mentales, porque su padre actuó como un hombre fuera de sí al matar a su propia hija.

Santa Juana de Arco

Mayo 30

JUANA nació en Francia en el año 1412. Ella ayudó a sus hermanos en la finca y frecuentemente iba a una capilla cercana a orarle a Jesús.

Teniendo diecisiete años de edad, Juana escuchó la voz de Dios llamándola a liberar a Francia de sus enemigos. Yendo al rey, cuyo ejército había sido derrotado, ella le pidió un pequeño ejército. El rey, creyendo que Dios la había enviado para salvar a Francia, le dio un grupo de valerosos soldados.

Juana fue delante de los soldados portando un estandarte con estas palabras: "¡Jesús, María!" Los soldados quedaron llenos de valor y expulsaron al ejército Inglés.

Juana cayó prisionera de los Ingleses y permaneció en prisión por espacio de nueve meses. Cuando le preguntaron por qué había ido a confesarse casi todos los días, ella respondió: "¡Mi alma jamás puede estar bastante limpia! ¡Creo firmemente que seguramente seré salvada!"

Fue llevada hasta la plaza del mercado en Rouen y quemada en la hoguera en 1431, a los diecinueve años de edad. Treinta años después fue exonerada de toda culpa y por fin fue canonizada en 1920 por el Papa Benedicto XV. Es la Patrona de Francia.

San Antonio de Padua

Junio 13

LOS padres de Antonio eran muy ricos y deseaban que él perteneciera a la nobleza; pero él deseaba ser pobre por amor a Jesús y se hizo Franciscano.

Antonio fue un gran predicador y fue enviado como misionero a varias ciudades de Italia y Francia. Convirtió muchos pecadores a Dios a través de sus prédicas, oraciones y buenos ejemplos.

Un día, mientras Antonio estaba orando, Se le apareció el Niño Jesús, Quien puso Sus brazos alrededor de su cuello y lo besó; este maravilloso favor le fue dado porque mantuvo su alma libre de pecado y porque amaba mucho a Jesús.

Una y otra vez Dios lo llamó para hacer algo nuevo en su plan. Cada vez Antonio respondió con celo para servir a su Señor Jesús con todo su corazón.

Antonio murió en un monasterio cerca de Padua en 1231 a los treinta y seis años de edad y fue canonizado en 1232 por el Papa Gregorio IX. En 1946 fue proclamado Doctor de la Iglesia por el Papa Pío XII.

Extraordinario predicador y gran intercesor en las dificultades, San Antonio es el Patrono de los Pobres y de Los Que Han Perdido Algo.

San Luis Gonzaga

Junio 21

ANTONIO vivió en el castillo de la familia Gonzaga en Italia. Siendo niño pasó algún tiempo en el ejército con su padre. Allí comenzó a hablar usando un lenguaje soez. Su madre le llamó la atención y le enseñó que era algo terrible que ofendía a Dios. El comenzó a amar la oración y a pensar de su alma y Dios.

Luis fue enviado a Madrid, España, para ser paje de un príncipe y recibir una buena educación. Pero su lema era: "Yo nací para cosas mejores." Teniendo veinte años de edad renunció para siempre a su derecho sobre las tierras de la familia Gonzaga y se hizo novicio Jesuita.

Los compañeros de Luis lo querían porque era amable y decidido siempre a ayudarles. Lo respetaban por su gran amor por la pureza.

En Roma Luis se ocupó de cuidar los enfermos en un hospital y antes de mucho tiempo también él enfermó. Las llagas causadas por su enfermedad eran muy dolorosas. San Luis nunca alcanzó el sacerdocio; él murió en 1591, teniendo veinticuatro años de edad, mientras contemplaba un crucifijo en donde encontró las fuerzas para sufrir. Fue canonizado en 1726 por el Papa Benedicto XIII y es el Patrono de los Jóvenes.

Santo Tomás Moro

TOMAS Moro fue a la escuela en Londres y sirvió como paje del Arzobispo de Canterbury. Más tarde estudió derecho.

Tomás se casó y después de la muerte de su esposa, se volvió a casar por amor a sus cuatro hijos. La familia vivía felizmente y compartía su dinero con los pobres.

El Rey Enrique VIII lo hizo Canciller de Inglaterra, posición que ocupaba el segundo lugar después del mismo rey. Tomás se ocupó de que los pobres estuvieran protegidos contra la injusticia.

Una vez que Tomás estaba en Misa, a la cual asistía todas las mañanas, el Rey lo mandó a buscar; pero él no la dejó hasta que la Misa hubo acabado; enviando este mensaje al Rey: "Tan pronto como mi audiencia con el Rey del Cielo haya terminado, inmediatamente obedeceré el deseo de mi rey terrenal."

El Rey Enrique VIII deseaba pasar una ley haciéndole cabeza de la Iglesia de Inglaterra, porque el Papa se negaba a otorgarle un divorcio de la Reina. Tomás renunció y fue arrestado. Sufrió mucho en la cárcel por su fe. El oró por el rey antes de ser decapitado en 1535. Canonizado en 1935 por el Papa Pío XI, él es el Patrono de los Abogados.

San Juan Bautista

Junio 24

JUAN fue el hijo del sacerdote Zacarías y su madre fue Isabel, una prima de la Bendita Virgen María. María vino a pasarse tres meses con ella para ayudarla antes del nacimiento de Juan. El Angel Gabriel predijo el nacimiento de Juan durante una visión de Zacarías en el Templo y le dijo que Juan prepararía al pueblo para la llegada del Salvador.

Siendo joven, Juan vivió en el desierto por varios años. Estando en el Río Jordán exclamaba: "Arrepiéntanse, porque el reino del cielo está cerca! ¡Yo soy la voz que clama en el desierto. Preparen el camino del Señor!" Bautizó a grandes multitudes como señal de penitencia y perdón de los pecados.

Un día Juan señaló a Jesús con estas palabras, "He ahí el Cordero de Dios Que quita los pecados del mundo." Y cuando Juan derramó agua sobre la cabeza de Jesús en el Río Jordán, el Espíritu Santo apareció en forma de paloma y el Padre celestial dijo: "Este es Mi Hijo bienamado en Quien guardo todas Mis complacencias." Cuando Juan advirtió al Rey Herodes que no era lícito tener como esposa a la mujer de su hermano, Herodes lo arrojó a la cárcel; más tarde, fue decapitado.

Jesús dijo de Juan: "No hay profeta más grande que Juan Bautista." Es el Patrono de Puerto Rico.

Santa María Goretti

MARIA fue una bella muchacha italiana de doce años de edad que vivía en una finca. Un día Alejandro, un joven de diecinueve años que trabajaba en la finca, se detuvo en casa de María y quiso violarla.

"¡No, no!" gritó María. ¡"No me toques, Alejandro! Es un pecado. Irás al infierno!"

Cuando María comenzó a rechazarlo, él tomó un cuchillo y la apuñaló catorce veces. María cayó al suelo con un grito de dolor: "¡Oh, Dios, me muero! ¡Mamá!" Alejandro se fue corriendo de la habitación.

María fue llevada al hospital y sufrió durante dos días. Cuando el sacerdote le preguntó si deseaba perdonar a su asesino, ella dijo: "¡Sí, lo perdono por amor a Jesús y quiero que esté conmigo en el cielo. ¡Que Dios lo perdone!"

María murió besando el crucifijo y sosteniendo una medalla de la Bendita Virgen María. Esto sucedió en 1902.

María Goretti fue canonizada por el Papa Pío XII en 1950. Fue nombrada la Patrona de los Niños y Niñas, para que ella los ayudase a ser puros.

41

San Benito

SAN Benito nació en el año 480 de una familia noble de Roma. Fue a un pueblo llamado Subiaco, situado en una montaña casi cuarenta millas de Roma. Allí vivió en una cueva en la ladera de la montaña durante tres años. A veces un cuervo le traía alimentos.

La gente oyó hablar de este santo hombre y pronto más de ciento cuarenta monjes vivían con él en un monasterio en Subiaco. Ellos se ocupaban orando, limpiando las tierras, sembrando cosechas, enseñando en la escuela y alimentando cada día a los pobres. El lema de San Benito era: "Orad y trabajad."

Benito y sus monjes construyeron un gran monasterio en Monte Casino en Italia en lo alto de una montaña, que se convirtió en el hogar de miles de monjes. Más tarde se esparcieron para enseñar por toda Europa y fueron llamados Benedictinos. Hoy día tienen monasterios en todas partes del mundo.

San Benito murió cerca del altar en donde recibía el Sagrado Sacramento, mientras que sus monjes le sostenían los brazos en oración. Este Santo es el Patrono de los Envenenados.

Beata Kateri Tekakwitha

KATERI nació cerca del pueblo de Auriesville, Nueva York, en el año 1656. Fue la hija de un valiente guerrero pagano de los Mohawk. Los misioneros Jesuitas trajeron la Fe Católica al valle de Mohawk. Kateri tenía sólo cuatro años de edad cuando su madre murió de la viruela. Sus dos tías y un tío la adoptaron. Pero la enfermedad desfiguró su rostro.

Kateri fue bautizada contando veinte años de edad. Ella decía que prefería morir antes de abandonar su Fe Cristiana. Ella tuvo que sufrir mucho para mantenerse firme en su promesa.

Kateri fue a la nueva colonia Cristiana de los indios en Canadá. Cada mañana, aún en lo más crudo del invierno, permanecía de pie delante de la puerta de la capilla hasta que la abrían a las cuatro y allí permanecía hasta la última de las Misas. La Eucaristía era su único deseo. También era devota de Jesucristo crucificado.

Murió de una enfermedad el 17 de Abril de 1680. Sus últimas palabras fueron: "¡Jesús! ¡María! ¡Los amo!", teniendo veinticuatro años de edad. Beatificada en 1980 por el Papa Juan Pablo II, se le conoce como el "Lirio de los Mohawks."

San Lorenzo

Agosto 10

LORENZO fue el primero de los siete diáconos que sirvieron la Iglesia Romana. Su deber era ayudar al Papa a celebrar la Santa Misa y dar la Comunión a los fieles. También estaba encargado de la propiedad de la Iglesia, distribuyendo entre los pobres las ofrendas de los Cristianos.

Cuando el Papa Sixto era llevado a morir, Lorenzo lloró porque él no podía ir también. El Papa le dijo: "¡No llores, hijo mío, en tres días me seguirás!"

Lorenzo fue arrestado. Cuando el gobernador de la ciudad le ordenó que entregara los tesoros de la Iglesia, él reunió a los pobres y enfermos. Mostrándoselos al gobernador, le dijo: "Estos son los verdaderos tesoros de la Iglesia"

Según una leyenda popular, Lorenzo fue colocado sobre una parrilla para que lo quemaran vivo sobre un fuego lento. Más tarde dijo: "¡Ya pueden virar mi cuerpo, porque este lado está bastante quemado!" Lorenzo murió en el año 258.

Varios senadores romanos, que habían presenciado la ejecución, se convirtieron al Cristianismo y dieron un entierro decente a su cuerpo. Su martirio tuvo lugar en el año 258. El es el Patrono de los Pobres y los Cocineros.

Santa Clara

Agosto 11

CLARA fue la hija de un conde. Ella escuchó a San Francisco predicar en las calles de Asís y le contó su deseo de entregarse a Dios. Entonces se hicieron muy buenos amigos.

Clara rehusó casarse teniendo 15 años de edad. Teniendo 18 años abandonó su castillo con una compañera y fue a la iglesia de Nuestra Señora de los Angeles, donde se encontró con San Francisco y sus Hermanos. En esa pobre y pequeña iglesia recibió un hábito de lana áspera, cambió su cinturón enjoyado por una cuerda común con nudos y consagró su vida a Dios en el altar de Nuestra Señora.

En una casa vieja en las afueras de Asís comenzó su Orden de las Clarisas. Más tarde su hermana y su madre, junto con otras damas nobles se le unieron viviendo una vida de oración, silencio, trabajo y ayuno.

Un día los enemigos de la Iglesia se decidieron atacar el convento. La Santa hizo que se colocara el Santo Sacramento en una custodia sobre la puerta del convento. Oró por la ayuda del Señor y el enemigo huyó. Murió en el año 1253 y fue canonizada en 1255 por el Papa Alejandro IV. Ella es la Patrona de la Televisión.

49

San Juan Berchmans

Agosto 13

JUAN nació en un pequeño pueblo de Bélgica en 1599. De los cinco hijos de su familia, tres abrazaron la vida religiosa. El niño Juan tuvo una gran devoción a la Santa Misa y al Rosario.

Teniendo Juan nueve años de edad su madre se enfermó. Tantas horas al día como podía después de la escuela Juan las dedicaba a su madre enferma. Durante tres años fue pupilo de un pastor de una parroquia que preparaba a los niños para el sacerdocio.

Juan entró en el seminario Jesuita en Roma. Después de estudiar filosofía por tres años, fue elegido por sus superiores para tomar parte en un debate público. Antes de que el debate terminara se enfermó. El oprimía su corazón a su crucifijo, su Rosario y el libro de las reglas, diciendo: "¡Estos son mis tres tesoros, con ellos moriré contento!" Murió en 1621 con sus ojos fijos en el crucifijo.

En 1888 el Papa León XIII lo hizo Santo. Es el Patrono de los Monaguillos y de Todos los Niños y Niñas Que Desean Amar a Jesús en el Sagrado Sacramento y a Su Madre María.

Debemos orar a San Juan para las vocaciones al Santo Sacerdocio y la vida religiosa.

San Tarcisio

TARCISIO vivió en Roma y servía en la Santa Misa en las catacumbas, donde los Cristianos adoraban a Dios porque eran perseguidos por los paganos.

Un día, mientras Tarcisio llevaba el Sagrado Sacramento a los mártires prisioneros, fue apresado y golpeado; pero él no entregó la Eucaristía. Murió como niño mártir de la Santa Eucaristía. Cuando voltearon su cuerpo, aquellos malvados no pudieron hallar trazas del Santísimo Sacramento. Los Cristianos enterraron su cuerpo con honor en las mismas catacumbas. Esto sucedió en el tercer siglo.

La historia de Tarcisio nos recuerda cuánto los Cristianos amaron el Santo Sacramento. La Santa Misa y la Sagrada Comunión les daban fuerzas para morir por la Fe.

Tarcisio enseña a los niños a amar a Jesús en la Eucaristía como su mejor amigo. El les ayudará a ser buenos y hacer sacrificios por su Santa Fe como lo hizo Tarcisio, pues él dio su vida por amor a Jesús. Es el Patrono de la Primera Comunión.

Debemos pedir a San Tarcisio un amor mayor por Jesús en la Santa Comunión.

San Estanislao Kostka

ESTANISLAO nació en 1550 de una noble familia Polaca. A los catorce años estudió en el colegio de los Jesuitas en Viena con su hermano Pablo. Aunque Estanislao siempre era inteligente y amable, su hermano lo trató cruelmente durante dos años; pero él siempre perdonó a su hermano.

Estanislao enfermó gravemente. Orando a Santa Bárbara que lo ayudara. Entonces tuvo una visión en la que dos ángeles le traían la Comunión. La Bendita Virgen María lo curó y le pidió que se hiciera sacerdote en la Sociedad de Jesús. Estanislao tuvo que dejar a Viena porque su padre no deseaba que fuera sacerdote.

En Roma, Estanislao vivió por diez meses como novicio. Un sacerdote le dijo: "Estanislao, tú amas mucho a Nuestra Señora." "¡Sí," le contestó. "¡Ella es mi Madre!" Y después él dijo: "¡La Madre de Dios es mi Madre!"

Estanislao murió el día de la festividad de la Asunción de la Bendita Virgen María en 1568, a los diecisiete años de edad. Su ejemplo enseña a los jóvenes a amar a Jesús y María.

San Estanislao fue canonizado en 1726 por el Papa Benedicto XIII.

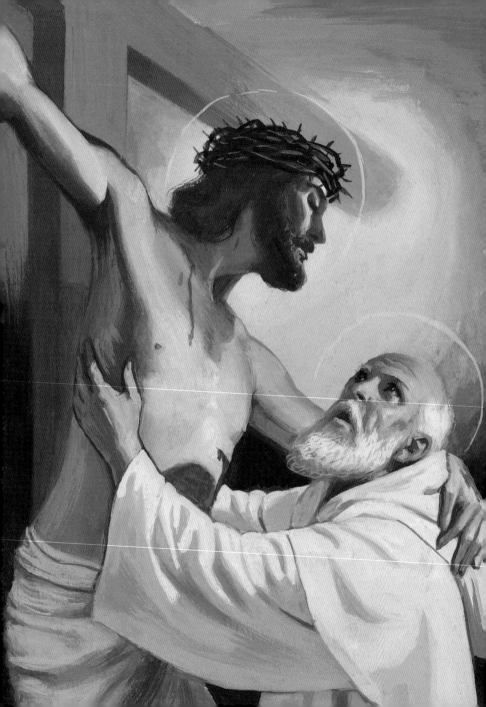

San Bernardo

Agosto 20

BERNARDO nació en un castillo de la Borgoña, Francia. A temprana edad fue enviado a las mejores escuelas, donde estudió teología y las Sagradas Escrituras. Después de morir su madre, teniendo 16 años abandonó su hogar para unirse al monasterio de la Orden Cisterciense. Allí se hizo sacerdote. Fue enviado con otros doce monjes para comenzar un nuevo monasterio llamado la Abadía de Claraval. Entonces Bernardo fue nombrado abad.

Los pobres y débiles buscaban la protección de Bernardo; obispos, reyes y papas pedían sus consejos. El Papa Eugenio III le ordenó que predicara una cruzada por todas partes de Francia y Alemania.

Bernardo fundó muchos monasterios. Aunque estaba muy ocupado nunca se permitió olvidar que su principal deber en este mundo era llevar una vida santa y salvar su alma.

A Bernardo se le conoce por sus escritos y tiene el título de Doctor de la Santa Iglesia. Era devoto de Jesús Crucificado y de la Virgen María y eminentemente dotado del don de los milagros. Murió en el año 1153 y fue canonizado en 1174 por el Papa Alejandro III.

San Pío X

Agosto 21

JOSE Sarto fue el hijo de un pobre zapatero de una aldea y el mayor de ocho hijos. Dos sacerdotes de su parroquia le ayudaron.

Después de su ordenación fue hecho ayudante del pastor en un pequeño pueblo italiano en las montañas. Toda la gente le quería por su amabilidad. Su alma estaba inflamada con el amor a Dios, especialmente cuando predicaba sobre el Sagrado Sacramento.

Al ser nombrado Obispo de Mantua, dijo: "¡No me ahorraré ningún cuidado ni trabajo ni mis más profundas oraciones para la salvación de las almas. Mi esperanza está en Cristo."

En 1903 José fue elegido como Papa tomando el nombre de Pío X. Su lema era: "Restaurar todas las cosas en Cristo, de modo que Cristo esté en todas las cosas." Su enseñanza era: "Amad a Dios y llevad vidas Cristianas." El deseaba que este objetivo se obtuviera a través de una Santa Comunión frecuente, especialmente en la Primera Comunión.

El Papa Pío X murió el 20 de Agosto de 1914, con estas palabras: "Restaurar todas las cosas en Cristo." Fue canonizado en 1954 por el Papa Pío XII y es llamado el Papa del Sagrado Sacramento.

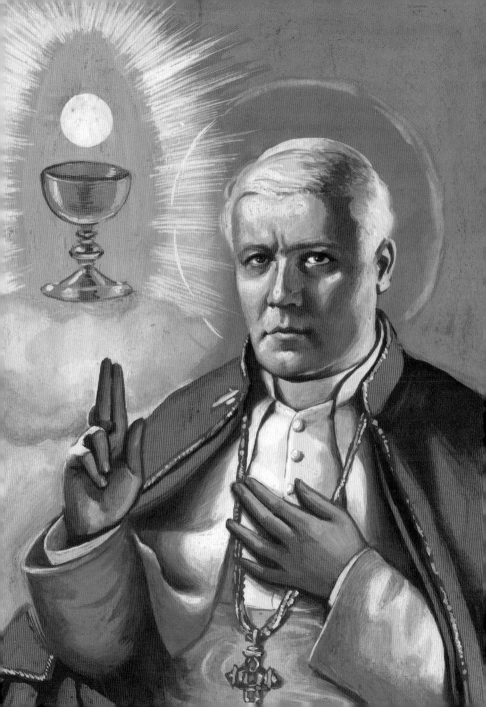

Santa Rosa de Lima

Agosto 23

ROSA nació en Perú, Sur América. Fue muy obediente a sus padres. Hacía todo lo que se le decía con una dulce sonrisa por amor a Jesús. Siempre trataba de ayudar a las personas.

Rosa fue muy hermosa. Su madre deseaba que usara ropas muy bonitas, pero Rosa acostumbraba a decirle: "¡Madre, sólo importa la belleza del alma!"

Un joven muy rico quiso casarse con Rosa; ofreciéndole una hermosa casa y muchos sirvientes; pero ella lo rechazó. Ella amaba a Jesús con todo su corazón y sólo deseaba servirle.

Cuando sus padres empobrecieron, Rosa salió a trabajar todos los días y de noche se dedicaba a coser, para ayudar a sus padres.

Rosa visitaba los hogares de los pobres y les llevaba alimentos. Ella ofrecía todos sus sufrimientos y buenas obras a Dios por los pecadores. Nuestro Señor se le apareció frecuentemente como un niño pequeño para decirle lo complacido que estaba por sus buenas obras.

Rosa murió en 1617 teniendo treinta y un años de edad y fue canonizada en 1671 por el Papa Clemente X. Fue la primera Santa de las Américas y es la Patrona de Sur América.

San Agustín

AGUSTIN nació en Africa del Norte en 354. Su padre fue un pagano que deseaba que su hijo fuera un hombre de letras y se ocupaba poco de su carácter. Su madre fue Santa Mónica quien urgía a su hijo a que llevara una buena vida.

Agustín cayó en malas compañías y leía libros malos. Durante trece años llevó una vida de maldad; pero su madre continuó orando por su conversión. Un día, mientras leía las cartas de San Pablo se decidió a hacerse Cristiano. Las oraciones de su madre habían sido escuchadas.

Agustín se hizo Cristiano teniendo 33 años, sacerdote a los 36 y obispo a los 41. Predicaba frecuentemente y escribió muchos libros durante treinta y cinco años como Obispo de Hipona en Africa del Norte.

Agustín escribió: "¡Demasiado tarde Te he amado, Oh belleza tan antigua y tan nueva! ¡Nuestros corazones se hicieron para Ti, Oh Señor, y no tienen descanso hasta reposar en Ti!"

San Agustín murió el año 430. Se le honra como Doctor o Maestro de la Iglesia y Patrono de los Teólogos.

63

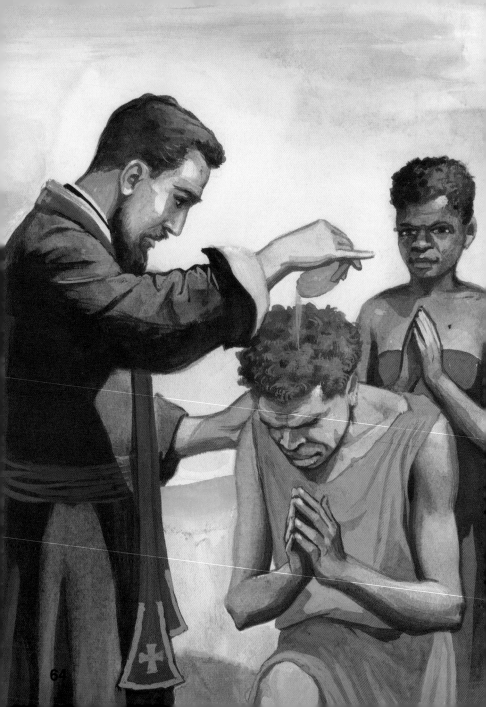

San Pedro Claver

Septiembre 9

PEDRO Claver fue un Jesuita Español. Fue enviado a Cartagena en Sur América donde pasó cuarenta años en este gran mercado de Negros esclavos en las Antillas Occidentales, trabajando por la salvación de los Negros Africanos.

El se llamaba a sí mismo "el esclavo de los esclavos." Fue su apóstol, padre, médico y amigo.

Cuando le llegaban noticias de que otro barco trayendo esclavos llegaba al puerto, Pedro lo abordaba de inmediato para traer un poco de alivio a sus queridos esclavos. El los alimentaba y vestía y cuidaba de ellos en sus horribles enfermedades. Bautizó cuarenta mil esclavos antes de pasar a su recompensa eterna en 1654 y fue canonizado en 1888 por el Papa León XIII.

Pedro solía decir: "Debemos hablar a los Negros con nuestros manos dándoles, antes de hablarles con nuestros propios labios." Fundó sociedades caritativas entre los Españoles para ayudar a los esclavos.

San Pedro es el Patrono de las Misiones entre los Negros en los Estados Unidos.

San Vicente de Paúl

VICENTE nació en Francia en 1576. Siendo aún un joven sacerdote fue capturado por piratas turcos quienes lo vendieron como esclavo. Durante dos años tuvo que trabajar muy duro para los dueños que lo habían comprado. Llegó a convertir a su dueño y entonces fue liberado.

Vicente fue enviado a trabajar en una parroquia cerca de París. Era muy amigo de los pobres y comenzó grupos que se ocupaban de ellos. Las mujeres se hacían cargo de los enfermos y les cocinaban comidas. Los hombres daban alimentos y ropas a los necesitados.

Vicente fundó la Orden de las Hijas de la Caridad quienes trabajaban para los pobres y los enfermos. Construyó viviendas para los pobres, los ancianos y niños abandonados. También comenzó la congregación de la Misión, una sociedad de sacerdotes y misioneros llamados Siervos de los Pobres.

Vicente murió en París en 1660, a la edad de ochenta y cuatro años y fue canonizado en 1737 por el Papa Clemente XII.

El es el Patrono de las Sociedades Caritativas. La Sociedad de San Vicente de Paúl continúa su labor por los pobres.

Santa Teresa del Niño Jesús

Octubre 1

TENIENDO ocho años de edad Teresa fue curada por la intercesión de Nuestra Señora.

Siendo aún muy joven hacía pequeñas obras a todo el mundo y se preparó para su Primera Comunión haciendo muchos sacrificios pequeños. Se hizo una amiga muy especial de Jesús. Una vez dijo: "Desde los tres años de edad nunca Le he negado nada a Dios. Nunca Le he dado algo, salvo el amor."

Teresa entró en el convento de las Carmelitas teniendo quince años de edad. Ella deseaba salvar almas y para ayudar a los sacerdotes a salvar las almas, ella oraba, hacía sacrificios y sufrimientos. Sus "Pequeñas Formas" quieren decir amar y confiar en Dios como lo haría un niño pequeño.

Cuando estaba muriendo, Teresa oprimió el crucifijo a su corazón y mirando al cielo, exclamó: "¡Lo amo! ¡Dios mío, Te amo!" Tenía solamente veinticuatro años de edad al morir en 1897.

Fue canonizada en 1925 por el Papa Pío XI y proclamada Doctora de la Iglesia en 1997 por el Papa Juan Pablo II.

Santa Teresa es la Patrona de los Aviadores, los Floristas y las Misiones Extranjeras.

Santa Teresa de Avila

Octubre 15

TERESA fue hija de padres nobles en España. Teniendo solamente siete años de edad ella y su hermano pequeño gustaban de leer las historias de las vidas de los Santos. Uno de sus juegos era hacer el papel de "ermitaños" en el jardín de su padre.

Siendo Teresa todavía muy joven se quedó paralítica a causa de una enfermedad y le era imposible caminar. Entonces le oró a San José quien la curó.

Cuando Teresa tenía doce años, su madre murió. Entonces le pidió a la Madre de Dios que fuera su madre. Cinco años después de la muerte de su madre se unió a la Orden de las Carmelitas. Allí construiría muchos conventos.

Con una vida de oración, trabajo y sacrificios Teresa trajo muchas almas a Jesús. Sus muchos escritos muestran su gran amor a Dios. Ella escribió: "No permita que nada lo acongoje, no tenga temor nada. Todas las cosas pasan. Dios nunca cambia. La paciencia lo obtiene todo. Dios sólo es suficiente." Ella murió el 4 de Octubre de 1582 después de tener una visión de Jesús y de muchos Santos.

Teresa fue canonizada en 1622 por el Papa Gregorio XV y en 1970 el Papa Pablo VI la nombró entre los Doctores de la Iglesia. Es la Patrona de Los Que Padecen de Dolores de Cabeza.

Santa Margarita María

MARGARITA María nació en 1647 en Francia. Ella estuvo paralítica pero la Bendita Virgen María la curó. En acción de gracias ella prometió entregarle su vida a Dios y entró en la Orden de la Visitación.

La Hermana Margarita María amó mucho al Señor en el Santísimo Sacramento. Y El le mostró Su Sagrado Corazón en cuatro visiones. Las llamas que brotaban de Su Sagrado Corazón eran una señal de Su ardiente amor por nosotros y de Su deseo que a cambio nosotros Lo amáramos. La corona de espinas alrededor de Su Corazón era un símbolo del sacrificio y penitencia que debemos hacer por los pecados.

Jesús le dijo: "¡Mira este Corazón que tanto ha amado a los hombres, sin embargo, en cambio los hombres no quieren amarme. A través de ti deseo extender la devoción a Mi Sagrado Corazón en toda la tierra!"

Jesús le hizo por lo menos doce promesas. Una de esas promesas era que El bendeciría a todos aquellos que honraran Su Sagrado Corazón y les daría las gracias que necesitaban en la vida y en la muerte.

Santa Margarita María murió en 1690 y fue canonizada en 1920 por el Papa Benedicto XV.

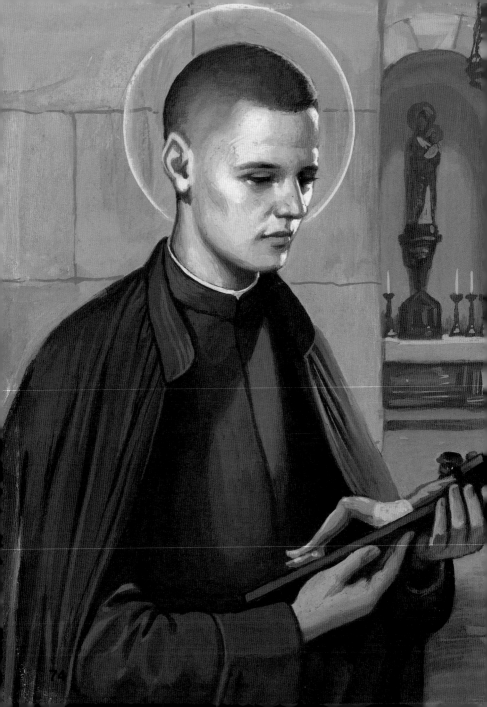

San Gerardo Majella

Octubre 16

GERARDO nació en Muro, Italia, en 1726. Su padre, un sastre, murió siendo Gerardo un niño de doce años de edad, dejando a la familia en la pobreza.

Gerardo fue aceptado por los Redentoristas como hermano laico. Allí sirvió como sacristán, jardinero, portero, enfermero y sastre.

Aún durante su vida Gerardo fue llamado "el trabajador-milagroso" por las muchas cosas milagrosas que sucedían mientras estaba orando. Dios le dio un conocimiento especial. El sufrió tranquilamente cuando fue acusado de tener una conducta inmoral por una malvada mujer que más tarde confesó su mentira.

A causa de esto, o porque ayudó a una mujer a punto de dar a luz, es invocado como Patrono de las Mujeres Que Esperan Hijos.

Gerardo murió de tuberculosis en 1755 a los veintinueve años de edad. El tenía una pequeña nota adjunta a su puerta: "Aquí se hace la voluntad de Dios, como Dios lo desea y mientras Dios lo desea." El Hermano Gerardo fue canonizado por el Papa San Pío X en 1904.

76

San Isaac Jogues

Octubre 19

ISAAC Jogues nació en Francia en 1607. Siendo un joven Jesuita, Isaac, un hombre culto, enseñó literatura. Pero él abandonó esta carrera para trabajar entre los Indios Hurones en Canadá; pues deseaba llevar a los pieles rojas a Cristo.

El Padre Jogues y sus compañeros sufrieron mucho y siempre estuvieron en peligro de muerte. En una expedición a Québec en busca de suministros de medicina y alimentos, el Padre Jogues y sus compañeros fueron rodeados por una banda de Iroqueses. Fueron tomados como cautivos y torturados.

Más tarde se escapó y regresó a Francia. Varios de sus dedos habían sido cortados, mordidos o quemados. El Papa Urbano VIII le dio permiso para decir la Misa con sus manos mutiladas. "Sería vergonzoso que a un mártir de Cristo no se le permitiera beber la sangre de Cristo."

Pero su celo condujo nuevamente al Padre Jogues a los Indios Iroqueses. Fue capturado por un grupo de guerreros de Mohawk; su cuero cabelludo fue arrancado y decapitado en una aldea cerca de Albano, Nueva York, en 1646. El y sus compañeros fueron los primeros mártires de Norte América.

Isaac fue canonizado en 1930 por el Papa Pío XI.

San Carlos Borromeo

CARLOS, de la noble familia de los Borromeo, nació en 1538 en un castillo de Arona, en Italia. Cuando Carlos tenía sólo veintidós años de edad, el Papa Pío lo hizo Cardenal y Arzobispo de Milán.

Carlos fue un gran maestro y escritor. Ayudó a la Iglesia en los tiempos en que Martín Lutero se alejó de la misma durante la llamada Reforma. Su mayor trabajo fue en el Concilio de Trento. Fundó escuelas para los pobres, seminarios para los clérigos y mediante su comunidad de los Oblatos, entrenó a sus sacerdotes para una vida de santidad.

Carlos también construyó hospitales donde él mismo cuidaba de los enfermos. Con frecuencia se le veía tomando parte en procesiones públicas con una cuerda alrededor de su cuello como señal de penitencia. El se deshizo de todo lo que tenía y usaba un manto viejo lleno de parches. Durante una gran plaga, siempre estuvo junto a los enfermos y moribundos. Cada día trató de alimentar 60,000 personas pobres.

Carlos murió teniendo 46 años de edad en 1584 y fue canonizado en 1610 por el Papa Pablo V. Es el Patrono de los Seminaristas y de los Maestros del Catecismo.

Santa Francisca Cabrini

Noviembre 13

FRANCISCA Cabrini nació en Italia en 1850, una de trece hermanos. Mientras tenía dieciocho años de edad su mala salud le impidió hacerse Hermana. Ayudó a sus padres hasta que murieron y entonces trabajó en una finca con su hermano y hermana.

Un sacerdote le pidió que enseñara en una escuela para niñas, cosa que hizo durante seis años. A petición de su Obispo, fundó las Hermanas Misioneras del Sagrado Corazón para cuidar de los niños pobres en las escuelas y los hospitales.

Francisca le escribió al Papa León XIII y éste le dijo: "¡Ve a los Estados Unidos, hija mía! ¡Hay mucho trabajo allí esperando por ti!"

Ella vino a los Estados Unidos con seis Hermanas en 1889 y comenzó a trabajar entre los inmigrantes Italianos en Nueva York. Se hizo ciudadana Americana. La Madre Cabrini fundó 67 orfelinatos, escuelas y hospitales en 35 años.

Francisca murió en Chicago en 1917, y en 1946 el Papa Pío XII la hizo la primera ciudadana Americana en ser canonizada. Es la Patrona de los Inmigrantes.

Santa Isabel de Hungría

Noviembre 17

ISABEL fue la hija del rey de Hungría. A los catorce años de edad la casaron con Ludovico de Turingia, un príncipe Alemán, con el cual tuvo tres hijos.

Bajo la guía de un fraile Franciscano, llevó una vida de oración, sacrificios y servicios a los pobres y enfermos. Buscando ser una más de los pobres, usaba ropas muy sencillas. Todos los días llevaba pan a cientos de pobres en sus tierras. Ellos la amaban mucho y la llamaban: "Querida Santa Isabel"

Un día que Isabel llevaba alimentos para los pobres, su esposo se encontró con ella y levantándole el manto sólo vio rosas.

Al morir el esposo de Isabel ella quedó con tres hijos. Dando su dinero a los pobres, tomó disposiciones para el cuidado de sus hijos y en 1228 renunció al mundo.

Se unió a la Orden Terciaria de San Francisco, pasando el resto de los pocos años de su vida cuidando de los enfermos en un hospital. Murió teniendo veinticuatro años de edad en 1231 y fue canonizada en 1235 por el Papa Gregorio IX. Es la Patrona de los Panaderos, los Terciarios y los Hospitales.

Santa Cecilia

Noviembre 22

CECILIA es una de las más famosas y queridas de las mártires Romanas. Según la leyenda, fue una joven Cristiana de alto rango prometida en matrimonio a un Romano llamado Valeriano. Siguiendo su ejemplo él también se convirtió y fue martirizado junto con su hermano. Una inscripción que data del siglo cuarto se refiere a una iglesia nombrada por ella y su festividad era celebrada por lo menos en 545. La leyenda sobre su muerte es muy hermosa.

Cecilia se negó a rendir sacrificios a los dioses. El juez la condenó a ser sofocada mediante el vapor; pero Dios la protegió. Entonces el juez ordenó a un soldado que la matara con su espada. El la golpeó tres veces, pero no pudo decapitarla. Ella cayó, malamente herida, y durante tres días permaneció con vida. Después de recibir la Santa Comunión murió. Su muerte ocurrió probablemente durante el reino de Marco Aurelio o de Cómodo, entre los años 161 y 192.

Cecilia es honrada como la Patrona de la Música Religiosa. Al igual que otro buen Cristiano, ella cantó con su corazón y a veces con su propia voz. Ella se hizo un símbolo de la enseñanza de la Iglesia de que la buena música es una parte importante de la liturgia.

San Francisco Javier

Diciembre 3

FRANCISCO nació en 1506 en España y era hijo de padres nobles. Fue enviado al Colegio de Santa Bárbara en París y se hizo maestro. Se unió a San Ignacio y otros cuatro jóvenes quienes prometieron trabajar para la conversión de las almas. Juntos formaron la Sociedad de Jesús.

Antes de ser ordenado para el sacerdocio en Venecia, cuidó de los enfermos en un hospital. El Rey de Portugal deseaba seis misioneros para predicar la Fe en la India. Uno de ellos fue Francisco. Viajó a Goa. Allí ayudó a los enfermos y enseñó el catecismo en la iglesia. Más tarde predicó en el sur de la India y convirtió a miles de paganos.

Francisco se embarcó para el Japón en 1549. Otros misioneros se le unieron allí. Miles fueron traídos a la verdadera Fe. Mientras se encontraba en un barco que iba para la China, se enfermó gravemente con fiebre muy alta. El barco se detuvo en una isla. Allí murió en un viejo camarote en 1552 y fue canonizado en 1602 por el Papa Clemente VIII.

San Francisco Javier es el Patrono de las Misiones Extranjeras. El corazón en llamas significa su gran amor hacia Dios y para las almas.

Santa Lucía

Diciembre 13

LUCIA vivió en la Sicilia pagana alrededor del año 304. A tierna edad se ofreció a sí misma a Dios. El joven rico que deseaba casarse con ella se puso furioso cuando ella lo rechazó y la acusó de ser Cristiana.

Lucía fue conducida delante del gobernador de su ciudad para ser sometida a juicio. Incapaz de hacer que renunciara a su Fe, él le preguntó: "¿Es este Espíritu Santo que está en ti el Dios del cual hablas?" Lucía respondió: "¡Aquellos cuyos corazones son puros son los templos del Espíritu Santo!"

El gobernador le habló furioso: "¡Pero yo haré que caigas en el pecado, de manera que el Espíritu Santo te abandonará!" Ella respondió: "¡Yo nunca pecaré, de modo que el Espíritu Santo me dará una mayor recompensa!"

Nada la podía hacer pecar. Ella dijo: "Ahora puedes ver que soy el templo del Espíritu Santo y que El me protege!" El gobernador ordenó que se encendiera un fuego a su alrededor, pero Lucía no sufrió daño alguno. Por último, hundieron una espada en su corazón; pero ella no murió hasta que un sacerdote vino hasta ella llevándole la Comunión.

Santa Lucía es la Patrona de los Ciegos.

San Juan de la Cruz

Diciembre 14

JUAN nació en España en 1542 de padres muy pobres. Contando veintiún años de edad se hizo hermano laico en un monasterio carmelita, pero sus superiores lo enviaron a estudiar para el sacerdocio.

Después de su ordenación conoció a Santa Teresa de Avila, quien le dijo que hiciera el trabajo de hacer su propia Orden más fiel a las enseñanzas y el ejemplo de Cristo. El fue el primer prior de las Carmelitas Descalzas (o sin zapatos) y tomó el nombre de Juan de la Cruz.

Juan es un Santo porque pasó su vida conforme a las palabras de Jesús: "Si alguno quiere venir detrás de Mí, que renuncie a sí mismo, cargue con su cruz de cada día, y Me siga." Algunos de sus propios frailes lo arrojaron en prisión. Después de nueve meses de sufrimientos se escapó.

El escribió: "Vive en el mundo como si sólo Dios y tu alma estuvieran en ello; entonces tu corazón nunca será cautivo de las cosas terrenas,"

Después de muchos sufrimientos, Juan murió en 1591 y fue canonizado en 1726 por el Papa Benedicto XIII. Por sus escritos sobre la santidad fue declarado Doctor de la Iglesia.

San Esteban

Diciembre 26

LOS Apóstoles dijeron a los discípulos que eligieran siete hombres que vivieran una vida santa para ayudar en el cuidado de los pobres. Estos hombres fueron llamados diáconos y Esteban fue el primero de dichos diáconos. Los Apóstoles los ordenaron como diáconos orando e imponiendo sus manos sobre ellos.

Esteban fue muy santo y muy valiente y obró grandes maravillas entre el pueblo. Pero algunos lo acusaron de hablar en contra de Dios y de Moisés. Esteban habló con gran sabiduría delante del tribunal. La gente dijo que había una aureola alrededor de su cabeza y su rostro parecía el de un ángel mientras hablaba valientemente acerca de Jesús.

Sus adversarios se enfadaron mucho; pero Esteban, estando lleno del Espíritu Santo, miró al cielo y exclamó: "¡Veo los cielos abiertos y al Hijo del Hombre de pie a la mano derecha de Dios!"

El pueblo enfurecido lo arrastró hasta las afuera de la ciudad y lo apedrearon hasta matarlo. Pero Esteban perdonó a sus asesinos, diciendo: "Señor, no les imputes este pecado. Señor Jesús, recibe mi espíritu." Murió en el año 35 como el primer mártir y es el Patrono de los Albañiles.

Santa Catalina Labouré

CATALINA nació en 1806 en Borgoña, Francia, la novena de once hermanos. Ella rechazó muchas ofertas de matrimonio y dijo: "¡Encontré a mi Esposo el día de mi Primera Comunión. Sólo a El me he entregado a mí misma!"

Una vez Catalina hizo una visita a un hospital que estaba a cargo de las Hermanas de la Caridad. Allí vio un cuadro de San Vicente de Paúl. Su ejemplo la inspiró a hacerse cargo de los enfermos y más tarde compartió en la obra de San Vicente de Paúl.

La Bendita Virgen María se le apareció a Catalina tres veces y le pidió que extendiera la devoción a la Inmaculada Concepción. Le dijo a Catalina que mandara a hacer una medalla, que es llamada la Medalla Milagrosa.

En un lado de la medalla están las palabras: "¡O María, concebida sin pecado, ruega por nosotros que acudimos a ti," y en el otro lado los Corazones de Jesús y María. Esta devoción se ha extendido por todo el mundo.

Catalina murió el 31 de Diciembre de 1876 y fue canonizada el 27 de Julio de 1947 por el Papa Pío XII.

Oración

JESUS, la Iglesia honra los Santos
que ya están contigo en el cielo,
porque ellos nos dieron un buen ejemplo
de la forma en que debemos vivir,
y porque ellos oran a Dios por nosotros.

Ayúdame a tratar de amar a Dios
con todo mi corazón como lo hicieron los Santos
y por amor a Dios amar a mi prójimo.
Pero ellos no hubieran podido vivir una vida santa
sin Tu gracia.

Te ruego que me des la gracia
de ser más como los Santos.

OTROS EXCELENTES LIBROS CATOLICOS

LA SANTA BIBLIA—Edición San José de la moderna traducción completa llamada la *Biblia de América*. Impresa en grandes letras con Notas, Mapas y un Diccionario de la Biblia.
Ordene por No. 610/S

PRIMER LIBRO DE LA MISA—Nuevo Libro de Misas bellamente ilustrado que explica la Misa a los niños y contiene las respuestas de la Misa que ellos deben conocer. Con seguridad ayudará a los niños a conocer y amar la Misa. **Ordene por No. 809/S**

LIBRO DE LOS SANTOS—Las vidas de los Santos ilustradas a todo color para jóvenes y adultos. Este magnífico libro representa las vidas de más de 100 Santos en palabra e imagen.
Ordene por No. 236/S

CATECISMO ILUSTRADO SAN JOSE—Por el Rev. A. Lodders, C.SS.R. —Enseñanzas Católicas Esenciales. Este libro dará a padres, niños y maestros—de hecho a todos los interesados—las respuestas correctas acerca de los fundamentos de la Fe Católica. Ilustrado. **Ordene por No. 68/S**

LIBRO CATOLICO DE ORACIONES—Por el Rev. M. Fitzgerald. Tipo grande. Contiene oraciones Católicas favoritas: para todos los días; para la Misa; a la Sma. Trinidad; a María; y los Santos. Ilustrado en colores. **Ordene por No. 438/S**

HISTORIA BIBLICA CONDENSADA—Un excelente resumen de la Historia Bíblica desde la Creación hasta la vida, muerte, y resurrección de nuestro Señor y el nacimiento de la Iglesia. Tipo grande. Ilustrado. **Ordene por No. 771/S**

BIBLIA ILUSTRADA PARA NIÑOS—Por el Rev. Jude Winkler, OFM Conv. Historias biblicas para niños y toda la familia. Ilustrado a todo color. Tipo grande **Ordene por No. 636/22S**

LAS VIDAS DE LOS SANTOS—Por el Rev. Hugo Hoever. Un libro muy popular con una corta vida de un Santo para cada día del año. Más de 70 ilustraciones. **Ordene por No. 370/S**

DONDE SE VENDAN LIBROS CATOLICOS